# 소외를 넘어서

■ 저자 약력

**신덕봉**

전남대학교 영어영문학과 학사
전남대학교 대학원 영어영문학과 석사
전남대학교 대학원 영어영문학과 박사과정
미국 the University of Arkansas 대학원
영어영문학과 석사과정

소외를 넘어서

인 쇄 2022년 1월 25일
발 행 2022년 1월 28일

저 자 신덕봉
발행인 정성택

발행처 전남대학교출판문화원
등 록 1981. 5. 21. 제53호
주 소 61186 광주광역시 북구 용봉로 77
전 화 (062) 530-0571~2
마케팅 (062) 530-0573
팩 스 (062) 530-0579
홈페이지 http://www.cnup.co.kr
이메일 cnup0571@hanmail.net

값 5,000 원

ISBN 978-89-6849-851-0 (03800)

# 소외를 넘어서

신덕봉 지음

전남대학교출판문화원

# ■ 머릿글

저는 마음에 축적된 생각과 차오른 정서를 시로 적었습니다. 저는 오랫동안 영문학 공교육을 받아 왔습니다. 저가 영어영문학과 대학과 영어영문학과 대학원에서 많은 영국시 과목을 수강한 사실은 눈에 띄는 점입니다. 저가 시에 관심을 갖게 되고 시를 쓰게 되는 요인이 시에 관한 지식을 갖고 있는데 연유한다고 단언할 수 없습니다. 이 삼 년 전에 저는 집에서 음식을 만들다가 '영문학을 공부한 것은 참 잘한 일이다'라고 저의 심안에 떠오른 생각을 차분히 말을 하면서 영문학 공부가 저의 인생에서 어떤 의미가 있는 것일까라고 잠시 생각해 보았습니다. 일 년 전에는 저의 삶은 시에 어울린다라는 말을 한 적이 있습니다. 이 말은 저가 영국소설보다 영국시에 더 관심이 있다는 말은 아닙니다. 왜 시를 쓰느냐의 문제에 대해서는 시간을 충분히 갖고 생각을 해 봐야 합니다.

저는 저가 살고 있는 도시와 그 도시의 사람들을 만나보고 그 사람들의 욕망과 관심사에 대해 생각을 했습니다. 저는 시내버스를 타고 가까운 곳을 자주 다녀오고, 그리고 버스를 타고 먼 지역도 가서 그 지역의 풍경과 살고 있는 사람들의 실제의 생활의 모습도 보았습니다. 돌아다녀 보고 우리나라에 이렇게 아름다운 곳도 있구나 하고 새삼 느끼기도 했습니다. 왜 아름답다고 생각한 걸까라는 점에 대해서도 진심에 입각하여 약간 생각해 봤습니다. 저는 그동안 일상생활을 영위하면서 의식과 무의식 가운데 형성된 생각과 정서를 깊이 있게 연구를 했는가를 생각해 볼 때 각고의 지적 작업을 했어야 하지 않았을까 하는 아쉬움이 남아 있습니다.

오랜 세월이 경과한 후에 저는 두 번째 시집을 출간하려고 그 시들에 대해 이미 구상을 했습니다. 저의 시적 지식을 더욱 연마하고 시적 정서도 다듬어서 저의 두 번째 시집에서는 '유럽으로 가는 기차'와 '독일에서: 언니의 열망'과 '가림막'과 '지위유감' 등등의 제목의 시를 쓰려고 생각하고 있습니다. 저는 시를 읽은 분들이 저의 시를 사랑해 주시기를 바라는 인간적인 기원도 이 글에 함축적으로 담아 봅니다.

저의 시의 생각과 정서가 인정을 받아 한 권의 시집으로 전남대학교출판문화원에서 출판하게 되어서 너무 기쁩니다. 저의 시집을 출판하여 주신 전남대학교출판문화원과 그 관계자께 감사를 드립니다.

2022년 1월

저의 거주 공간에서

신덕봉

# ■ 차례

# 소외를 넘어서

신덕봉 시인의 모습

원
직선
무늬를 그리며
흔적을 남긴다

드러났다
가식의 바다
허위의 바다
담수호.
흐르고 있지 않는다
선택하지 않는다
나는 믿었다
물이 흘러간다고

거대한 물의 흐름의 장엄함을 담고 있다
차이와 차별도 거짓과 폭력과 위선도
그 안에 담고 있다

소외를 넘어서
문덕교를 지나서

오늘도 사람들은 지나간다
보지 않고
듣지 않고

보시오
보시오
들어 보시오
들어 보시오
사람들은 그 말을 듣지 않고
지나간다

소외를 넘어서
문덕교를 지나서

# 사랑

군내 버스를 타고 종점까지 갔다
굽이굽이 산들이 이어지고
내 눈 앞에는 온통 초록이 가득했다
초록이 가까이 있어요
초록이 손짓하고 있어요
돌아오는 길에 해 질 녘 산골의 어느 민가에서
하얀 연기가 바람에 날리며
솟구쳐 오르고 있었다

연기는 바람에 사라졌지만
내 마음 속에 사랑은
아직 남아 있다.
마이크
오래 전에 베이트맨 거리에서
한번 만나 대화를 나눈

왜 갔을까
사랑이 있기에
아름다움이 있기에

# 오늘은 사랑스런 날이에요

오늘은 사랑스런 날이에요
덥거나 추울 때는
날씨가 변화기를 바랬어요
날씨에 관한 말로부터
무엇을 배울 수 있을까요
평범한 말과 평범한 행동은
평범한 생각으로부터 나와요

오늘은 사랑스런 날이에요
더 나아지기를 바라면서
날씨에 관해 말을 시작했어요.
말을 시작하기가 쉬워서였을까요
더 나아지기를 바라면서.
평범한 말 속에 평범한 생각이
있다 했어요
마음을 움직이는 힘이 있으려고요.
마음을 전달하는 참말을
하기를 바라며
"참말을 맨 먼저 두었지요"
저의 시의 귀절이에요.

오늘도 거의 듣기만 했어요
다른 날과 다르게
두어 번 입술을
약간 삐죽 내밀기도 했지요.

그러나 아무 말도 않고 돌아 갔어요
다른 음색과 강한 박자와 시끄러운 말
모르는 언어를 참으면서.
저가 좋아하는 잔잔하고
감미로운 음악은 아니었어요
아마 무슨 말인지 몰라서
그렇게 느꼈을 거예요
안 좋아할지 몰라요
저의 말을 들으면.
오늘도 날씨에 관해서
말을 시작했어요

# 브라이튼에서

다채로운 색깔
어디에
어쩌면 이쪽은 아닐지도 모른다
그 다음 쪽 일거야
아닌 것 같아
한 발 물러서 보자

나오길 잘 했다
왜 보지 않고 말을 하려 했을까?
내려다 본다
위험한 길은 아니었다 생각했다
내려간다
해안가로
계속

분간이 되지 않은
까만 하늘
까만 바다
볼 수 없는 푸른 물길
이미 어둠은 내려와 있다

왜 위험하다는 것을 말 하지 않을까?
한 장, 코치차표 한 장.
나는 갈 수 있다
기대어 본다
바다를 바라보면서

브라이트튼의 바다는 깊어가고
브라이트튼의 밤은 깊어가고

달라질까
다가오는
현실의 복잡함
삶이 머물러 있을까
나와 함께

# 울지 마세요

이리 가고
저리 갔나요
자의로 갔나요
가야만 해서 갔나요

슬픈가요
울지 마세요
울지 마세요
더 나아지기를 바랬지요
다른 날도 울지 몰라요
지금 울지 마세요

삶의 모습이라고 말을 해도
이번에는 받아 주지 않을 거예요
멈칫 서 있어요
서있는 나에게 묻고 있어요
신 어디가세요?
내일 아니면 어느 날 다시 물을 거예요 나에게
내 곁에 있기를 바라며

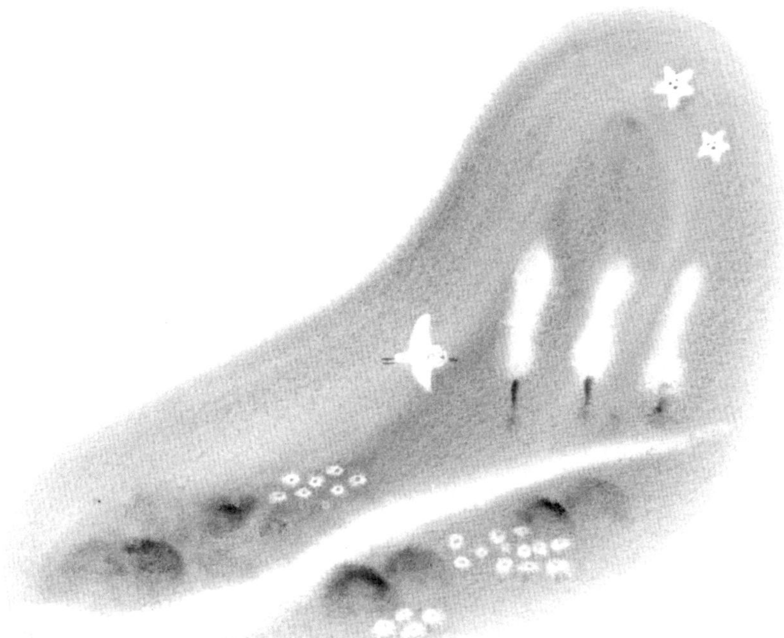

# 시작이다

시작이다
시작이다

떠나간다
내 곁에 있던 사람들은 아니다.
그 사람들은 무엇을 했냐

매번 떠나간다 말한다
소리를 외쳐대며 떠나간다
원래부터 알지 못하는 사람들 일지도 모른다

텅 비어 있다
목소리가 들려온다
누구일까
아는 사람들은 아니다

와서
그들만 말은 한 것은 아니다
무얼 했단 말인가
두려움 때문일까

왜 끊임없이 외쳐댈까
할 말이 있어서 일까
드러내고 싶어서 일까
드러내고 싶지 않았단 말인가
떠나간다
다 같이 떠나간다
여기는 “없다” 한다

삶의 모습처럼
눈물 한방울 흘러내린다

좋은 일이다
다시 시작이다

# 인천공항에서

오늘도 온다.
떠나는 사람은 더 많다
텅 빈
거리를 바라본다.

흔들림이 있는
불안함이 그 사이에
회색빛 적막 속에.
떠나는 사람들은 더 있다
불평을 토로하는
작은 목소리를 내며

지친 모습
다문 입
떠난다

회색빛 머리
회색빛 마음
작은 목소리
작은 몸짓

다를 지도 모른다
잘못 알았을지도 모른다
지위가 높은 사람들은
더 잘 안다고 한다

그러나 떠나고 있다
진실을 말하기 위해
진실을 만나기 위해

# 말잔치

오늘도 말잔치가 있다
여기서도 오고 저기서도 온다
볼 수 있는 사람은 보고
나는 듣는다

오늘 눈물이 흘려 내린다
어제는 화가 났었다

말을 한다
그들은 오늘도 말을 한다
“나는 떠나요”
실은 그대로 있다 한다.
온종일 말을 한다

어제도
그제도
그 전날도.
귀를 기울렸다 말소리가 들려와서

오늘도 말잔치가 있다
참말 그럴듯한 말 에둘러한 말
감추어진 말 왜곡한 말
위해를 가하는 말 위협하는 말
극놀이 기만극 놀이 글자놀이 숫자놀이
색깔놀이 뭐를 할까 놀이 허위의 말

참말을 맨 먼저 둔다
거짓을 나중에
참말을 믿는다

“한진”으로 가자
방이 있을 것이다
“한진”은 안 맞을 지도 몰라
나에게

“한”에는 나를 위한 방이 없을 지도 몰라
그들은 말했다.
눈물 한방울 흘려 나온다
어디로
다시 눈물이 흘려 내린다

내 인생은 허위는 아니다
가식은
더 생각해 보자
진실이 있기를 말잔치에
내 인생이 공허해지지 않도록

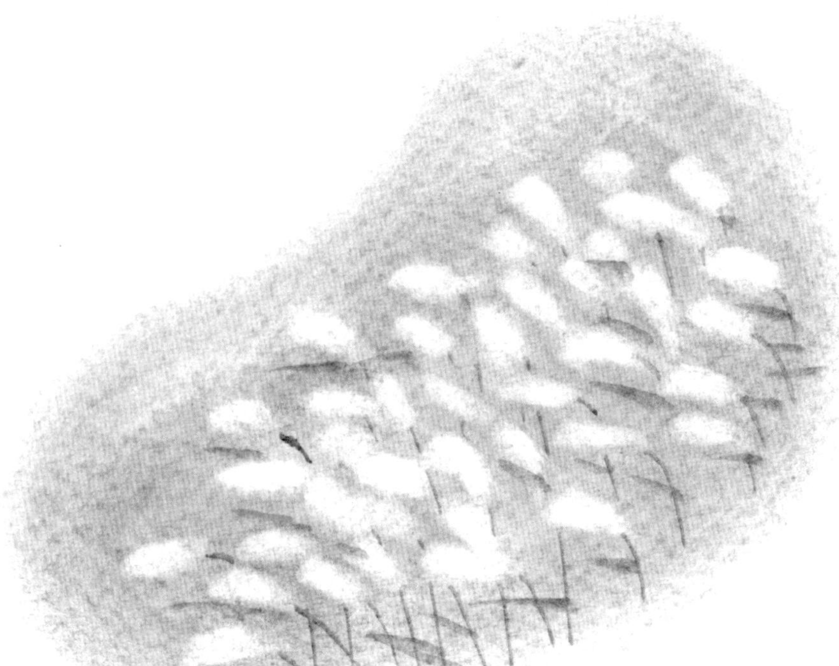

# Rainbow

I saw a beautiful rainbow over the sky
In the morning when I was leaving for America
Clear and Bright light scattered in the blue
I gazed and gazed at it at the airport.
Yearning for a ray of hope, I asked, "Where are you?."

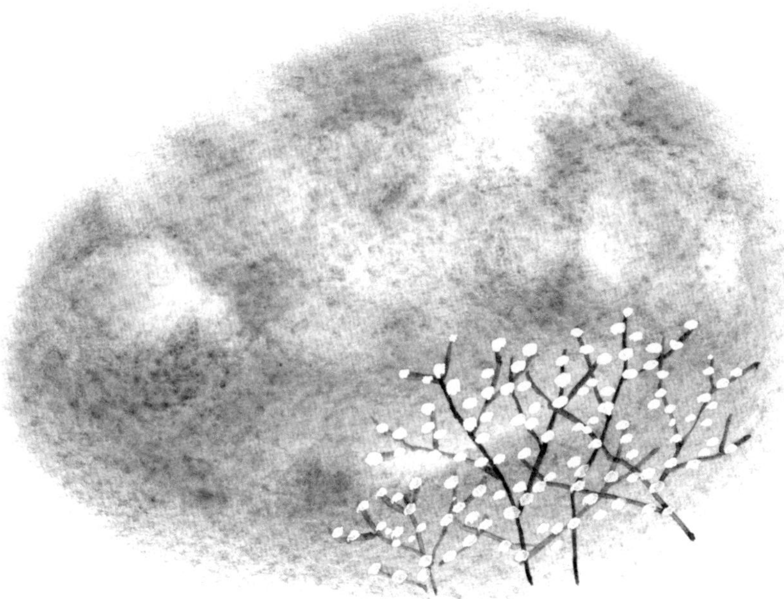

# 케임브리지에서 나의 사랑

여기서부터 시작하리라
나는 영국 대학들의
소책자들을 찾고 있었다
재빠르게

약속은 있었다
나 자신과의 약속
오리라
다시 한 번 다짐하며
둘러보았다
맑은 눈으로

왜 내가 시작하지 않았을까
영국 케임브리지의
아름다운 기억을.
잊고 있었구나
잠시
사랑을

# 어느 오후 한때

커튼을 젖히자 적막이 흐른다
빛 바랜 벽돌집의 벽
단조로운 뒷벽의 모습
어느 오후

방문을 열고 나가
아래층에 세들어 살고 있는
젊은 학생의 잘 생긴 얼굴이
떠올라 잠깐 미소를 지어 본다

출입문을 열고 나와
걷고 있는 내 눈 앞에
멀리서 그 학생이
예쁜 여자와 다정하게 걸어온다

그들은 학생이라 했다
예쁜 여자 친구를 가졌군요
그들은 나의 말에 미소 지으면서 웃는다
나는 다시 걷기 시작한다.

말을 하기를 잘 했지
예쁘다는 말을
그들의 미소
적막한 길 위에 있다

교차로에 왔다
나의 사랑은 어디에 있을까
이 길로 가면 나의 사랑이 있을까
“신이 오고 있다”
“너를 사랑하고 있어”
나는 그 말씀을 스쳐 지나간다

한밤중
나는 걷고 있다
첫 번째 길에서 돌아서 걷다가
세 번째 스탑 이후에 길을 잃어
Lovelette street에 오다
Bateman street가 아닌
내 사랑이 있는
내 사랑을 만날 거예요

# 이사가는 날

저가 이사짐 차를 같이 타고 가니까
신경 쓰지 마십시오
주소를 주십시오. 저가 갖다가 놓겠습니다
놓아 두겠습니다. 얼른 주십시오
이사 갈 집의 주소를 주지 않고 어떻게 갑니까?
저가 생각해 놓은 곳은 있습니다
아! 그렇습니까 어디입니까

말을 하면 방을 얻기가
더 어려워지겠지
이사짐을 운반하는 센터에
전화를 했던 것만 해도 몇 번인가

"죽어도 여기에 있지 않겠다
나가겠다 당장"
끌려오셨던 저의 어머니는
여동생과 같이
여동생의 집으로 가셨다

전혀 모르는 아파트
저의 어머니도 모르고
저도 모르는
2004호 아파트

강제집행을 갑자기 당하여
한 무리의 사람들이 들이 닥쳐
저의 어머니의 가재도구를 끌어내고
저의 책과 저의 가재도구를 끌어내어
가져갔다

90살이 다 된
연로한 저의 어머니
걸음을 걷기가 불편하신 어머니
끌려온 아파트
2004호

저의 어머니도 모르고
저도 모르는 아파트
2004호

끌려오셔서 어떤 일을 겪었을까
위협이라도 당하셨을까
헬쓱한 얼굴에
불안해하는 모습
하루 종일 한 끼니도
먹지 못했을 어머니
저의 어머니

이 아파트
2004호 아파트
“당장 이 아파트에서 나가야겠다.”
저의 어머니께서 계속 말씀을 하셨다

저는 다시 한 번 외쳤다.
2004호 아파트에서
나가겠습니다
나갈 수 있도록 확인해 주십시오
경찰관님
벌써 몇 번째 외쳤던가
벌써 몇 번이나 전화를 걸었던가

모르는 아파트
2004호에
저가 있어요.

재개발 지역에 사셨던
저의 어머니와 저
강제집행을 당하셔서
온종일 어머니는 밥 한 끼니도
먹지 못했을텐데

연로한 저의 어머니
무슨 가혹한 일이라도
당하지 않았을까
이 아파트에 끌려와서

사라진 저의 어머니를
찾기 위해 경찰관들과
같이 추적한 아파트
2004호

저의 어머니는 있었다
알지 못하는 아파트에
2004호

사라진 어머님을 찾으려고
경찰관님과 같이 들어온
저가 여기 아파트에 있어요.
혼자 있어요.
저는 나가겠습니다. 확인해 주십시오
경찰관님

생각해 놓은 곳에
방이 없다는 것을 알게 된
이사짐 센터가
땅 바닥에 아무렇게나 이사짐을
퍼붓어 놓고 가버렸다

이틀 동안 내린 비를 맞아
사용할 수 없는 이사짐들을 버리고
큰 가방 2개 작은 가방 2개

다른 하나의 작은 가방을 앞에 매고
이른 새벽에 나섰다
방을 찾기 위해

Registan
Registration
Registration

앉았다 어떤 레스토랑 앞의 벤치에
이른 새벽에 어둠을 응시하며

차가운 빗물이 저의 목에 떨어져
깜짝 놀라 깨어나
얼른 발을 오므리고
몸을 뒤로 제쳤다.
천으로 만들어진 레스토랑의
차양에 의지하여

이사가는 날
이사할 방이 없다

# 대학교의 벤치에 앉아서

벤치에 앉는다
잠시 쉬어 가기 위해.
아버지를 생각해 본다

공부를 잘 하셔서 시골에서
광주로 유학 오셨지
큰 눈 두터운 입 잘 생긴 얼굴
수업 시간에 어떻게 공부를 하셨을까
잠시 생각해 보지만
별로 기억에 없어 물어 둘걸 아버지에게.

향학열이 높은 아버지는
사범학교를 나오시고 나서
서울에 가서 대학교를 나오셨다.

나는 아버지의 기질을 약간 물려받았을까
나는 외할아버지의 기질을 약간
배움에 대한 열성
지식을 가진
그 자신의 신념을 갖고 있는

부자고 유지였던 외할아버지.
살던 동네와 그 인근 유역에 신식학교인
국민학교가 없는 것을 안타깝게 여겨
그 자신이 서당을 운영하여
그 유역의 사람들에게 한학을 가르치셨지
몇 분의 서당 선생님을 모셔서 같이.
교육하시던 외할아버지는
공립학교의 선생님이셨던 아버지가
마음에 들어 사위로 맞이하셨다한다.

정면을 주시하면서 대학건물을 바라본다.

돌아가신 아버지가
얼마 전에 어머니의 꿈속에 나타나자
어머니 자신은 좀 더 있다가 갈 터이니
아버지 먼저 가 있으라고
말씀하셨다 한다
영리한 생각이야

삶에 대한 애착이 강하신 분이야
삶에 대한 생명력이 강하시니 얼마나 다행인가
아버지가 돌아가신 이후에도
우울해하고 있지 않아서 안심이 되거든.
어머니는 영리한 여자이시지
나에 대한 걱정 때문에 그렇게 말씀하셨을 거야
혼자 남아있을.

아버지가 공부하셨던 학교의 벤치에 앉아
아버지를 기억한다
공립 중학교나 공립 고등학교의 교장선생님로서
교육하신
아버지는 혼자가 아니셨다.
어머니와 가정을 이루시고
낳은 아이들을 두신

아버지의 결단
서울로 대학교 학업 진학
아버지 자신의 발전을 가져온다

나는 일어난다
대학교의 벤치에 앉아
정면의 대학건물을 주시한다

# 마이크의 마음

오늘 도서관을 나서면서
수십 년 전에
눈부신 햇빛이 쏟아지는
아름다운 날이 떠올랐어요

오래 전에 베이트맨 거리에서
한 번 만난 마이크를
생각해야 한다고 했어요

그 말은 아닐지도
모른다 했어요
자신의 생활로 돌아가는 것을
말한다 했어요

손으로 탁하고 박수를
쳐보았다는 말씀이 들려왔어요
갈망하는 마음에서

시초로 돌아가자
순수한 마음이 있었어요
욕심이 적었어요
무엇보다 삶에 대한
가능성이 컸어요
그 마음에는

시초의 그 마음으로
그 시초의 마음에
내가 사랑하는
마이크의 마음이 있기에

## 눈은 내리고

눈이 많이 내려
우산을 사려고 상점에 들어갔다

가난을
두려워할 필요는 없다
가볍기 때문이다

가자
어서 가자
어서 가자 집으로
안전할까

눈은 휘몰아쳐
시야를 가리고
길은 미끄럽지만
가자 어서 가보자

쌓이는 눈의 무게
그 속에 물들어 있는
정직하지 못한 마음과
비인간적인 행동들

내리는 눈은 우산으로
가릴 수 있건만

# 꼬까옷

방바닥에 누웠다가
얼른 일어난다.
꼬까옷을 입고 뭉개다니
옷을 갈아입는다